AF466308

I.

SOCIETÉ DES OBSERVATEURS DE L'HOMME.

CONSIDÉRATIONS

SUR LES DIVERSES MÉTHODES A SUIVRE

DANS L'OBSERVATION

DES PEUPLES SAUVAGES,

Par J. M. DEGERANDO,

Membre associé de l'Institut national, de la Société des Observateurs de l'Homme, et de celle d'Agriculture et Sciences Naturelles de Lyon.

AVERTISSEMENT.

Ces Considérations sont adressées au capitaine Baudin, Correspondant de la Société, prêt à partir pour son expédition de découvertes, et aux divers Observateurs qui l'accompagnent; elles sont adressées aussi au citoyen Levaillant, qui va tenter un troisième voyage dans l'intérieur de l'Afrique. Comme il est possible que les uns et les autres aient occasion de rencontrer des peuples qui appartiennent à des degrés très-différens de civilisation ou de barbarie, on a cru qu'il falloit prévoir toutes les hypothèses, et généraliser tellement ces Considérations, qu'elles pussent s'appliquer à toutes les nations qui diffèrent, par leurs formes morales et politiques, des nations de l'Europe. L'on s'est sur-tout attaché à présenter un cadre complet qui pût réunir tous les points de vue sous lesquels ces nations peuvent être envisagées par le philosophe. On n'a pas pensé qu'il fallût supprimer certaines questions simples et faciles à prévoir, mais qui étoient nécessaires à l'intégrité de l'ensemble.

CONSIDÉRATIONS

sur les méthodes à suivre dans l'observation des Peuples sauvages.

Importance de l'étude de l'Homme en général.

Il semble étonnant que, dans un siècle d'égoïsme, on éprouve tant de peine à persuader à l'homme que de toutes les études, la plus importante est celle de lui-même. C'est que l'égoïsme, comme toutes les passions, est aveugle. L'attention de l'égoïste se concentre dans les besoins immédiats dont ses sens l'avertissent, et ne sait point s'élever jusqu'à ces besoins réfléchis que nous découvre la raison; il cherche à se satisfaire et non à se perfectionner. Il ne considère que son individu; son espèce n'est rien pour lui. Peut-être craint-il, en pénétrant les mystères de son être, de fixer son propre avilissement, de rougir de ses découvertes, et de rencontrer sa conscience.

La vraie philosophie, toujours d'accord avec la morale, nous tient un autre langage. La source des utiles lumières, nous dit-elle, comme celle du solide bonheur, est en nous-mêmes. Nos lumières dépendent sur-tout de l'état de nos facultés; mais comment perfectionner nos facultés, si nous n'en connaissons la nature et les loix? Les élémens de la félicité sont les sentimens moraux; mais comment développer ces sentimens, si nous n'examinons le principe de nos affections et les moyens de les diriger? C'est en s'étudiant qu'on s'améliore; le sage est celui qui se connaît bien. En méditant ainsi la nature de son être, on sent mieux tous les rapports qui nous unissent à nos semblables, on retrouve dans le fond intime de son existence cette identité de la vie commune qui nous anime tous, on sent toute la force de cette belle maxime des anciens : « Je suis homme, et rien d'humain n'est étranger pour moi ».

Mais quel est le moyen de bien étudier l'homme ? Ici l'histoire de la philosophie, la voix du monde savant nous répondent. Le temps des systêmes est passé. Las de s'être en vain agité, pendant des siècles, dans de vaines théories, le génie du savoir s'est enfin fixé sur la route de l'observation. Il a reconnu que le véritable maître est la nature ; il a mis tout son art à l'écouter avec soin, à l'interroger quelquefois. La Science de l'Homme aussi est une science naturelle, une science d'observation, la plus noble de toutes. Eh ! quelle science ne serait pas une science naturelle ? L'art lui-même, qu'on veut opposer quelquefois à la nature, n'a pour objet que de l'imiter.

L'esprit d'observation a une marche sûre ; il rassemble les faits pour les comparer, et les compare pour les mieux connaître. Les sciences naturelles ne sont en quelque sorte qu'une suite de comparaisons. Comme chaque phénomène particulier est ordinairement le résultat de l'action combinée de plusieurs causes, il ne serait pour nous qu'un profond mystère, si nous le considérions d'une manière isolée : mais en le rapprochant des phénomènes analogues, ils se renvoient les uns aux autres une mutuelle lumière. L'action spéciale de chaque cause se montre à nous distincte et indépendante, et les loix générales en résultent. On n'observe bien qu'en analysant ; or, on analyse en philosophie par les rapprochemens, comme en chimie par le jeu des affinités.

L'homme, tel qu'il se montre à nous, dans les individus qui nous entourent, se trouve à-la-fois modifié par mille circonstances diverses, par l'éducation, le climat, les institutions politiques, les mœurs, les opinions établies, par les effets de l'imitation, par l'influence des besoins factices qu'il s'est créés. Au milieu de tant de causes diverses qui se réunissent pour produire ce grand et intéressant effet, nous ne saurons jamais démêler l'action précise qui appartient à chacune, si nous ne trouvons des termes de comparaison qui isolent l'homme des circonstances particulières dans lesquelles il s'offre à nous, et qui lui enlèvent ces formes accessoires sous lesquelles l'art a voilé en quelque sorte à nos yeux l'ouvrage de la nature.

De l'observation des Sauvages en particulier.

Or, de tous les termes de comparaison que nous pouvons choisir, il n'en est point de plus curieux, de plus fécond en méditations utiles que celui que nous présentent les peuples sauvages. Ici, nous pouvons relever d'abord les variétés qui appartiennent au climat, à l'organisation, aux habitudes de la vie physique, et nous remarquerons que parmi des nations beaucoup moins développées par l'effet des institutions morales, ces variétés naturelles doivent ressortir d'une manière beaucoup plus sensible : moins distinguées entr'elles par les circonstances secondaires, elles doivent l'être sur-tout par ces circonstances premières et fondamentales qui appartiennent au principe même de l'existence. Ici, nous pourrons trouver les matériaux nécessaires pour composer une échelle exacte des divers degrés de civilisation, et pour assigner à chacun les propriétés qui le caractérisent; nous pourrons reconnaître quels sont les besoins, les idées, les habitudes qui se produisent à chaque âge de la société humaine. Ici, le développement des passions et des facultés de l'esprit se trouvant beaucoup plus limité, il nous deviendra bien plus facile d'en pénétrer la nature, d'en assigner les loix essentielles. Ici, les générations n'ayant exercé les unes sur les autres qu'une très-légère influence, nous nous trouverons en quelque sorte reportés aux premières époques de notre propre histoire; nous pourrons établir de sûres expériences sur l'origine et la génération des idées, sur la formation et les progrès du langage, sur l'enchaînement qui existe entre ces deux ordres d'opérations. Le voyageur philosophe qui navigue vers les extrémités de la terre, traverse en effet la suite des âges; il voyage dans le passé; chaque pas qu'il fait est un siècle qu'il franchit. Ces îles inconnues auxquelles il atteint, sont pour lui le berceau de la société humaine. Ces peuples que méprise notre ignorante vanité, se découvrent à lui comme d'antiques et majestueux monumens de l'origine des temps : monumens bien plus dignes mille fois de notre admiration et de notre respect que ces pyramides célèbres dont les bords du Nil s'enorgueillissent. Celles-ci n'attestent que la frivole ambition et le pouvoir passager de quelques individus dont le nom même nous est à peine parvenu; ceux-là nous retracent l'état de nos propres ancêtres, et la première histoire du monde.

Et lors même que nous ne verrions pas dans les peuples sauvages un utile objet d'instructions pour nous-mêmes, ne serait-ce pas assez des nobles sentimens de la philanthropie, pour nous faire attacher une haute importance aux communications que nous pouvons former avec eux? Quel plus touchant dessein que celui de rétablir ainsi les augustes nœuds de la société universelle, que de retrouver ces anciens parens séparés par un long exil du reste de la famille commune, que de leur tendre la main pour s'élever à un état plus heureux! O vous, qui, portés par un généreux dévouement sur ces rives lointaines, approcherez bientôt de leurs huttes solitaires, paraissez auprès d'eux comme les députés de l'humanité toute entière! présentez-leur, en son nom, le pacte d'une fraternelle alliance! faites-leur oublier que de farouches aventuriers ne cherchèrent leur séjour que pour les dépouiller ou les asservir; ne vous présentez à eux que pour leur offrir des bienfaits. Portez-leur nos arts, et non notre corruption, le code de notre morale, et non l'exemple de nos vices, nos sciences, et non pas notre scepticisme, les avantages de la civilisation, et non pas ses abus; cachez-leur qu'en ces contrées aussi, quoique plus éclairées, les hommes s'entredéchirent par des combats, et se dégradent par leurs passions. Assis auprès d'eux, au milieu de leurs forêts désertes et sur leurs rivages ignorés, ne leur parlez que de paix, d'union, de travaux utiles; dites-leur que, dans ces empires inconnus d'eux, que vous avez quittés pour les visiter, il est des hommes qui forment des vœux pour leur bonheur, qui les saluent comme des frères, et qui s'associent de toute leur ame aux intentions généreuses qui vous amènent au milieu d'eux.

Vices des observations faites jusqu'à présent.

En vous exprimant ici tout ce que nous attendons de vos soins et de vos efforts, nous n'avons garde de vouloir déprécier les nombreux services rendus à la société par les voyageurs qui vous ont précédés. N'eussent-ils fait que préparer la voie, par leurs hardies tentatives, à ceux qui devaient les suivre, et leur fournir de précieuses indications, ils auraient acquis par cela seul de grands droits à notre reconnaissance. Mais ils ont commencé d'établir quelque correspondance avec les nations sauvages ; ils nous ont rapporté divers renseignemens sur leurs mœurs et leur langage. Seulement, partagés par d'autres soins, plus empressés de découvrir de nouveaux pays que de les étudier, toujours en mouvement lorsqu'il eût fallu beaucoup de repos, prévenus peut-être de ces préjugés injustes qui flétrissent à nos yeux les nations sauvages, ou du moins, témoins de l'indifférence que notre Europe a pour elles, ils ne se sont pas assez appliqués à nous rapporter d'exactes et complètes remarques ; il leur est arrivé, comme il arrive toujours à ceux qui observent avec trop de précipitation et de légéreté, ils ont observé assez mal, et l'imperfection de leurs rapports a été la punition de notre insouciance (1). Comme l'homme est toujours plus curieux des nouveautés qui frappent ses sens que des instructions qui s'adressent à sa raison, on a attaché bien plus de prix à rapporter de ces pays inconnus des plantes, des animaux et

---

(1) Nous n'avons pas besoin de prévenir que les réflexions critiques, que nous faisons ici sur les relations des voyageurs, ne s'adressent qu'aux relations ordinaires, et reçoivent par conséquent de notables exceptions. Loin de nous de vouloir affaiblir l'admiration qui est due aux Cook, aux Bougainville, &c. A cet égard, votre pensée nous aura prévenus : la méditation de leurs écrits a été votre première étude.

des substances minérales, que des expériences sur les phénomènes de la pensée. Ainsi, les naturalistes enrichissaient chaque jour leurs cabinets de nombreuses familles, pendant que les philosophes consumaient le temps à disputer vainement dans leurs écoles sur la nature de l'homme, au lieu de se réunir pour l'étudier sur le théâtre de l'univers.

Passons en revue les fautes principales qu'ont commises ces voyageurs dans leurs observations sur l'homme sauvage, et les vides qu'ils ont laissés dans leurs relations. En remarquant ce qu'ils n'ont pas fait, nous appercevrons mieux ce qui reste à faire.

Premier défaut.

Le premier défaut que nous remarquons dans les observations des voyageurs sur les sauvages, c'est qu'elles ne sont point assez complètes; et c'est-là ce qu'on devait attendre du peu de séjour qu'ils faisaient au milieu d'eux, des objets qui partageaient leur attention, et du manque de tables régulières auxquelles ils rapportassent leurs remarques. Tantôt, se bornant à étudier quelques individus isolés, ils ne nous ont fourni aucunes données sur leur état de société, et nous ont ôté par-là le moyen de juger l'influence que ces rapports pouvaient avoir sur les facultés individuelles. Tantôt, s'arrêtant aux moindres circonstances de leur vie physique, ils nous ont à peine transmis quelques détails sur leurs habitudes morales. Tantôt en décrivant les habitudes des hommes faits, ils ont négligé de s'instruire du mode d'éducation qu'ils reçoivent dans l'enfance et la jeunesse; et sur-tout, frappés presqu'entièrement du caractère extérieur et le plus sensible d'un peuple, de ses cérémonies, de son costume, ils ont ordinairement pris trop peu de soins pour s'initier aux circonstances bien plus importantes de son existence philosophique, de ses besoins, de ses idées, de ses passions, de ses connaissances, de ses loix. Ils ont décrit des formes, plutôt qu'ils n'ont rapporté des instructions; ils ont saisi quelques effets, et n'ont expliqué presqu'aucunes causes.

Second défaut. Encore ces observations si insuffisantes, n'ont-elles pas toujours été très-certaines et très-authentiques, soit parce qu'elles ont été quelquefois trop particulières, et que les voyageurs ont voulu juger d'une nation par quelques hommes, d'un caractère par quelques actions, soit parce qu'ils se sont confiés quelquefois aux récits et aux témoignages des Sauvages qu'ils ont rencontrés, et qui peut-être n'ont pas été bien compris, peut-être n'étaient pas très-bien instruits de ce qu'on leur demandait, peut-être enfin n'avaient pas intérêt à dire la vérité, ou du moins à la faire connaître toute entière.

Troisième défaut. Ajoutons que ces observations ont été faites dans un mauvais ordre, et souvent même sans ordre. Ces voyageurs n'avaient pas assez compris qu'il y a entre les instructions qu'on recueille sur l'état et le caractère des nations, un enchaînement naturel, nécessaire à leur exactitude, et que les unes doivent servir souvent de préparation aux autres. Il faut étudier les effets avant de vouloir remonter aux principes; il faut observer les individus avant de vouloir juger la nation; il faut connaître les rapports domestiques des familles, avant d'examiner les rapports politiques de la société; il faut sur-tout chercher à bien s'entendre avec les hommes auxquels on s'adresse, avant

avant d'établir certains résultats sur les relations qu'on prétend en recevoir.

Quatrième défaut.

Souvent les voyageurs ont fait reposer sur des hypothèses, ou fautives, ou tout au moins douteuses, les récits qu'ils nous ont transmis. Rien ne leur est plus ordinaire, par exemple, que de juger les mœurs des Sauvages par des analogies tirées de nos propres mœurs, qui ont cependant si peu de rapports avec elles. Ainsi, d'après certaines actions, ils leur attribuent certaines opinions, certains besoins, parce qu'elles résultent ordinairement en nous de ces besoins ou de ces opinions. Ils font raisonner le Sauvage à notre manière, lorsque le Sauvage ne leur explique pas lui-même ses raisonnemens. C'est ainsi qu'ils ont prononcé souvent sur une nation des sentences trop sévères, qu'ils l'ont accusée de cruauté, de vol, de libertinage, d'athéisme. Il eût été plus sage de recueillir un grand nombre de faits, avant de chercher à les expliquer, et de n'admettre les suppositions qu'après avoir épuisé toutes les lumières de l'expérience.

Cinquième défaut.

Il est, par rapport aux relations des voyageurs, une autre cause d'incertitude qui tient bien plus au vice de nos langues, qu'à l'imperfection de leurs remarques; c'est que les termes qu'ils emploient pour nous en transmettre les résultats, n'ont souvent parmi nous que des acceptions vagues et mal déterminées. Par-là nous nous trouvons exposés à comprendre dans leurs récits toute autre chose que ce qu'ils ont voulu nous dire. C'est-là ce qui arrive, sur-tout lorsqu'ils veulent nous instruire des opinions qu'un peuple s'est formées par rapport à la religion, à la morale, à la politique. C'est-là ce qui arrive encore, lorsqu'au lieu de nous exposer en détail les faits dont ils ont été témoins, avec toutes leurs circonstances, ils se bornent à nous dire sommairement l'impression qu'ils en ont reçue, les jugemens généraux qu'ils en ont déduits sur le caractère des nations. On eût pu cependant éviter cet inconvénient, si l'on se fût attaché, ou à décrire les choses sans les juger, ou à choisir des expressions dont le sens fût mieux convenu, ou à déterminer avec précision le sens qu'on leur attachait en les employant.

Sixième défaut. Il est inutile de retracer ici les inexactitudes auxquelles les voyageurs ont été conduits par le défaut d'impartialité, par les préventions qui résultaient de leurs opinions particulières, par les intérêts de leur amour-propre, ou enfin par l'impulsion du ressentiment. Le caractère des hommes estimables qui se dévouent aujourd'hui à cette noble entreprise, nous est une suffisante garantie que de semblables impressions n'influeront jamais sur leurs rapports. Mais avec les intentions les plus droites et les plus pures, les voyageurs ont été souvent induits en erreur sur le caractère des peuples, par les procédés qu'ils en avaient éprouvés. Ils ont conclu trop légèrement des circonstances de leur réception, au caractère absolu et ordinaire des hommes au milieu desquels ils avaient pénétré. Ils n'ont pas assez réfléchi que leur présence devait être pour eux un sujet naturel de crainte, de défiance et de réserve; que la politique pouvait ajouter beaucoup à ces précautions extraordinaires; que le souvenir d'anciennes incursions pouvait avoir laissé des préventions funestes dans l'esprit de ces peuples; qu'une nation douce et sociable peut se croire cependant dans un état de guerre naturelle avec des étrangers dont les intentions lui sont inconnues, et qu'enfin, pour apprécier sainement le caractère d'une peuplade, il faudrait, en premier lieu, avoir laissé le temps de s'effacer à ces impressions d'étonnement, de terreur, d'inquiétude qui avaient dû d'abord la saisir, et, en second lieu, pouvoir s'initier aux rapports ordinaires que ses membres ont entre eux.

Septième défaut.

Mais de tous les regrets que nous laissent les récits des voyageurs qui vous ont précédés, les plus vifs sont ceux que nous cause la négligence qu'ils ont mise à nous instruire de la langue des peuples qu'ils ont visités. D'abord le peu de renseignemens qu'ils nous ont fournis à cet égard manquent de précision et d'exactitude, soit parce qu'ils ne nous ont point instruits de la manière dont ils s'y sont pris pour interroger les Sauvages, soit parce que souvent ils ont pris eux-mêmes peu de soin pour bien poser les questions. Les signes indicateurs et les signes naturels dont ils ont fait usage pour demander aux Sauvages les noms des objets, étaient souvent susceptibles par eux-mêmes d'une assez grande incertitude ; on ne peut savoir si ceux auxquels on les adressait y attachèrent bien le même sens que les voyageurs qui en faisaient usage, et répondirent ainsi justement à leurs interrogations. De plus, pour nous fournir quelques notions utiles et positives sur les idiômes des peuples sauvages, il n'eût pas fallu se borner, comme on l'a fait, à prendre au hasard les noms de diverses choses qui n'ont presqu'aucun rapport entr'elles ; il eût fallu suivre du moins une famille d'idées analogues, lorsqu'on ne pouvait noter la langue toute entière, afin de pouvoir porter quelque jugement sur la génération des termes, et sur les liaisons qui existent entr'eux; il n'eût pas fallu se contenter de quelques mots détachés ; mais il eût été convenable de retenir des phrases entières, afin d'avoir quelque idée de la construction du discours. On eût dû encore chercher à connaître si ces mots étaient simples ou composés, comme leur longueur nous le donneroit souvent à supposer ; s'ils se trouvaient déterminés par quelques articles ou quelques particules ; enfin s'ils recevoient des inflexions, ou s'ils demeuroient dans l'état absolu, et s'ils étaient soumis à quelque espèce de loix grammaticales.

Huitième défaut. Faute de s'être initiés à l'entière connaissance de l'idiôme des peuples sauvages, les voyageurs se sont trouvés dans l'impuissance de puiser auprès d'eux les notions les plus curieuses peut-être qu'ils eussent eu à recueillir. Ils n'ont pu nous transmettre les traditions que ces peuples peuvent conserver de leur origine, des révolutions qu'ils ont éprouvées, et des diverses particularités de leur histoire ; traditions qui eussent jeté peut-être un grand jour sur l'importante question de savoir comment le globe s'est peuplé, et sur les causes diverses de l'état actuel dans lequel ces nations se trouvent. Ils n'ont pu se faire expliquer l'esprit d'une foule de cérémonies et d'usages, qui ne sont probablement que des allégories ; ils nous ont transmis des descriptions bizarres qui amusent l'oiseuse curiosité du vulgaire, mais qui ne fournissent aucune instruction utile à l'esprit du philosophe. Privés de moyens pour lier des entretiens suivis avec ces peuples, ils n'ont pu se former que des idées très-hasardées et très-vagues de leurs opinions et de leurs idées ; enfin, ils n'ont pu nous fournir ces données aussi certaines qu'abondantes que le langage des nations présente sur leur manière de voir et de sentir, et sur les traits les plus secrets et les plus essentiels de leur caractère.

Observations à faire.
1°. Signes des Sauvages.

Le principal objet sur lequel devrait donc se diriger aujourd'hui l'attention et le zèle d'un voyageur vraiment philosophe, serait de recueillir avec soin tous les moyens qui peuvent servir à pénétrer dans la pensée des peuples au milieu desquels il serait placé, et à s'expliquer la suite de leurs actions et de leurs rapports. Ce n'est pas seulement parce que cette étude est de toutes la plus importante en elle-même, c'est encore parce qu'elle doit servir de préliminaire et d'introduction à toutes les autres. Comment se flatter de bien observer un peuple qu'on ne sait pas comprendre et avec lequel on ne peut s'entretenir? Le premier moyen pour bien connaître les Sauvages, est de devenir en quelque sorte comme l'un d'entr'eux; et c'est en apprenant leur langue qu'on deviendra leur concitoyen.

Mais s'il y a déjà si peu de bonnes méthodes pour bien apprendre les langues des nations civilisées les plus voisines de nous; si cette étude exige souvent beaucoup de temps et d'efforts, que sera-ce pour apprendre les idiômes des peuplades sauvages dont il n'existe aucun dictionnaire, qui ne peuvent nous être traduits par aucun truchement, qui ne peuvent nous être expliqués, comme les premières, par la communauté des habitudes et par la similitude des associations d'idées? Ne craignons point de le dire; l'art de bien étudier ces langues, s'il pouvait être réduit en précepte, serait un des chefs-d'œuvre de la philosophie; il ne peut être que le fruit de longues méditations sur l'origine des idées. Nous nous bornerons ici à quelques apperçus généraux; les réflexions des hommes éclairés auxquels nous les communiquons, et les leçons de l'expérience, en achèveront le développement, en dirigeront l'application.

Ce qu'il y a de plus important à observer en étudiant les signes des Sauvages, c'est l'ordre qu'on met dans cette étude.

Langage d'action. Diverses espèces de gestes.

Comme la langue articulée des peuples sauvages, d'après les données que nous en avons, est composée de signes presqu'aussi arbitraires et aussi conventionnels que les nôtres, il est évident que, pour établir avec eux une première correspondance, il faut remonter à des signes plus voisins de la nature; il faut commencer avec eux, comme avec les enfans, par le langage d'action.

Il faut distinguer dans le langage d'action ou les gestes, trois espèces de signes; les signes indicateurs, qui se bornent à fixer l'attention sur un objet présent; les signes descriptifs avec lesquels on imite, en l'absence d'un objet, ses formes, son étendue, ses mouvemens; enfin les signes métaphoriques avec le secours desquels, lorsqu'on ne peut imiter et peindre un objet, on reproduit au moins les circonstances qui lui sont liées dans nos souvenirs, en rappelant, par exemple, l'effet par sa cause, ou le tout par une de ses parties.

De ces trois espèces de signes, les *indicateurs* sont ceux dont l'effet est le plus certain et le moins sujet aux équivoques, lorsqu'ils peuvent être employés. Ce sont donc ceux par lesquels on doit commencer; c'est à eux qu'on doit recourir dans toutes les incertitudes. Il ne faut songer à *décrire* que lorsqu'on ne peut *montrer*.

Les signes *descriptifs* seront d'autant plus utiles, que les descriptions seront mieux faites. Or, la bonté des descriptions dépendra de l'art avec lequel on aura su observer les trois conditions suivantes : imiter les propriétés les plus frappantes et les plus sensibles des objets, celles qui leur sont plus spéciales, et qui par-là deviennent plus propres à les distinguer de ceux avec lesquels on pourrait les confondre; enfin, celles qui ont dû être plus particulièrement remarquées des individus auxquels on s'adresse, soit par la nature de leurs dispositions, soit par l'effet des circonstances dans lesquelles ils étaient placés.

Les signes *métaphoriques* sont ceux de tous qui se trouvent le plus sujets à l'incertitude, et qui sont plus difficiles à interpréter avec précision. Cependant on est souvent forcé d'y recourir. Alors, si le voyageur en fait usage, il ne négligera rien de ce qui peut les rendre plus expressifs; il prendra garde de supposer trop légèrement dans la tête des Sauvages des associations d'idées analogues à celles qu'il a formées lui-même. Si c'est le Sauvage qui les emploie, le voyageur aura soin de recueillir avec fidélité toutes les circonstances qui les accompagnent, et de les rapprocher des habitudes déjà connues de ce peuple, qui peuvent en faciliter l'explication.

Des gestes des Sourds-Muets.

On ne saurait trop recommander aux voyageurs, pour lesquels ces réflexions sont rédigées, de prendre une connaissance particulière des signes méthodiques que le citoyen Sicard emploie avec tant de succès pour établir ses premières communications avec les sourds-muets. Car le sourd-muet est aussi un Sauvage, et la Nature est le seul interprète qui puisse lui traduire les premières leçons de ses maîtres. Cependant il est important d'observer qu'on ne doit pas s'attendre que les gestes employés à l'égard des sourds-muets aient toujours un effet semblable, par rapport aux peuples sauvages; en effet, la valeur de ces signes dépend sur-tout des habitudes de ceux auxquels on les adresse; ces habitudes, à leur tour, sont en grande partie l'effet des circonstances au milieu desquelles ils sont placés. Or les circonstances qui entourent le sourd-muet élevé au milieu de nous, ne sont pas communes au Sauvage qui n'est point sorti de ses forêts. Les voyageurs s'attacheront donc à choisir parmi ces gestes ceux dont l'expression a moins de rapport aux circonstances accidentelles; ils sauront les modifier d'après les habitudes qu'ils doivent supposer aux peuplades sauvages; ils s'attacheront plutôt à saisir la méthode générale des signes employés par l'Instituteur des sourds-muets, qu'à répéter scrupuleusement tous les gestes dont il fait usage.

Il serait à desirer qu'on pût recueillir avec soin tous les signes naturels et imitatifs qu'on rencontrera chez les Sauvages, et nous en transmettre le tableau avec l'explication précise de l'interprétation qu'ils y attachent.

Langage articulé. Ordre dans lequel il faut l'apprendre.

Lorsque les voyageurs auront ainsi obtenu, par l'emploi du langage d'action, un premier moyen de s'entendre avec les sauvages, ils passeront à l'étude de leur langue articulée.

Ici

Ici, l'ordre qu'ils devront suivre est celui qui se trouve le plus conforme à la génération des idées.

Elémens du langage.

Idées primitives.

Les premiers mots qu'ils chercheront à connaître, seront ceux des objets à-la-fois les plus simples et les plus sensibles, comme ceux des différentes parties du corps et des substances matérielles qui s'offrent aux regards du sauvage.

Noms.

Ils devront s'attacher à ne demander d'abord que des noms de *choses* ou de substances, et non pas ceux des qualités, actions ou rapports, parce que les premiers sont ceux qui présentent moins d'équivoques, et qui éprouvent moins de transformation dans le discours.

Adjectifs.

Ils passeront ensuite à ceux des qualités sensibles; comme les couleurs, les odeurs, les saveurs, la dureté, la mollesse.

Verbes.

De-là ils viendront aux noms des actions sensibles, comme *marcher*, *boire*, *manger*, *pêcher*, &c. dont les idées sont toujours plus complexes, en évitant d'y associer aucune circonstance de temps, de lieu, de rapport, afin d'avoir les verbes dans leur état absolu.

Prépositions.

Ils finiront par les termes employés à exprimer des rapports, et qui ont donné naissance dans nos langues aux prépositions et adverbes. Comme l'idée d'un rapport naît toujours de la comparaison de deux ou plusieurs objets, ils auront soin de placer ces objets sous les yeux des Sauvages, et de les disposer de telle manière, que le rapport dont ils demanderont l'expression, soit celui qui vienne s'offrir plus naturellement à leur attention.

Idées complexes.

Ces premiers élémens étant fixés, ils pourront demander les termes attachés aux idées plus complexes, comme celles d'un village, d'une forêt, d'une armée, de la guerre, &c., en prenant soin de spécifier exactement les circonstances essentielles qui serviront de base à ces idées complexes.

Idées abstraites. Les Sauvages ne peuvent sans doute posséder un grand nombre d'idées abstraites, parce qu'ils n'ont pas eu occasion d'exécuter des comparaisons systématiques. Cependant le besoin de simplifier porte si naturellement l'homme à abstraire, même à son insçu, et à se composer des idées de genre et d'espèce, que les Sauvages ne peuvent en être dépourvus. Pour les interroger à cet égard, il faudra commencer par les abstractions les plus faciles, c'est-à-dire, celles qui supposent des comparaisons moins répétées. Ainsi, en leur montrant deux arbres d'espèce différente, on saura bientôt s'ils ont un nom distinct pour chaque espèce, et un pour l'arbre pris en général; de même pour les animaux. En leur faisant remarquer à la fois le mouvement d'un être animé, et celui d'une pierre, on apprendra s'ils ont un nom pour l'idée abstraite du mouvement. A mesure qu'ils satisferont à ces questions, on s'élèvera à des abstractions plus éloignées, en leur faisant exécuter des comparaisons plus étendues.

Idées réfléchies. Les notions dont les Sauvages doivent être le moins occupés, sont celles qui appartiennent à la réflexion, et qui sont du ressort de la morale et de la logique, comme celles de la *pensée*, du *jugement*, de la *volonté*, de la *douleur*, &c. C'est par celles-ci qu'on terminera; c'est à leur égard qu'on devra apporter plus de soin et de précision; c'est en les interrogeant sur ces idées qu'on devra sur-tout se tenir en garde contre les habitudes qui tiennent à notre éducation particulière, et qu'on devra éviter de prêter aux Sauvages les raisonnemens de nos philosophes. Il faut tâcher de pénétrer ce qu'ils pensent, et non prétendre les faire penser à notre manière. Les idées morales sur lesquelles on devra d'abord les interroger, seront celles qui se lient de plus près aux idées sensibles, comme celles du *desir*, de l'*espérance*, de la *crainte*, de la *joie*, de la *mort*, &c. Ces interrogations se feront en décrivant les actions extérieures qui accompagnent ces manières d'être, en évitant toutefois qu'ils ne donnent le nom de l'*action* pour celui de l'*impression* secrète qui la détermine.

Ensemble des discours.

Ayant ainsi fixé à-peu-près la nomenclature des termes élémentaires, il sera à propos de se faire prononcer des discours entiers, et de noter avec beaucoup de soin 1°. l'ordre dans lequel les mots y seront distribués; 2°. les modifications que ces mots auront pu recevoir dans leur association réciproque; 3°. les termes auxiliaires qui auront été employés à la liaison du discours, et à la fonction précise à laquelle chacun d'eux aura été appliqué.

Questions à résoudre.

Alors on pourra satisfaire aux questions suivantes:

L'idiôme de tel peuple sauvage admet-il des mots composés, ou n'a-t-il que des radicaux?

Ces mots composés suivent-ils dans leur formation la loi de l'analogie?

Les radicaux sont-ils simples et monosyllabiques?

Ces radicaux ont-ils un caractère marqué d'imitation?

Les noms des objets reçoivent-ils dans le discours quelque modification constante en raison du *genre*, du *nombre* et du *régime?*

Les noms des qualités ou *adjectifs* se modifient-ils d'après celui des substantifs auxquels ils se rapportent ? ont-ils des *comparatifs*, des *augmentatifs*, des *diminutifs*, etc.?

Les noms des actions ou les *verbes*, se modifient-ils selon les *personnes*, les *temps*, et les *rapports* du discours, ou demeurent-ils seulement dans l'état absolu?

Y a-t-il des *articles* et des *conjonctions*, et quelles sont leurs espèces?

Ce peuple a-t-il quelque idée des loix de la syntaxe?

A-t-il quelque sentiment des propriétés de l'harmonie et des beautés oratoires?

Précautions à prendre.

Ce ne serait pas assez d'observer l'ordre dont nous venons de donner une idée, si on ne s'attachait, dans la pratique, à prendre quelques précautions indispensables pour prévenir tous les équivoques.

C'est sur-tout dans la manière d'interroger les Sauvages qu'on doit apporter un très-grand soin ; car ces interrogations ont ordinairement quelque chose de vague, qui les rend susceptibles de plusieurs interprétations différentes.

Ainsi, en montrant un objet, par exemple, le Sauvage peut croire qu'on lui demande ou le nom de cet objet, ou seulement celui de quelqu'une de ses qualités, ou celui de l'usage auquel on le destine, ou celui de sa situation, ou seulement celui de son genre.

Or, c'est en répétant ces interrogations de diverses manières, en différentes circonstances, auprès de différens individus, qu'on parviendra à lever l'incertitude qui accompagne ses réponses.

Lorsque les Sauvages répondent par des mots aussi longs que ceux qui nous ont été transmis par Cook, ou même par des mots de plusieurs syllabes, il serait à propos d'essayer, en prononçant chaque syllabe séparément, si les Sauvages ne leur attachent pas quelque sens particulier, et si ce qu'on a pris pour un seul mot, n'étoit pas, par conséquent, un terme composé.

Lorsqu'on aura recueilli des discours entiers, on fera bien d'en changer quelquefois l'ordre, et de les altérer en plusieurs manières, par l'addition ou le retranchement de quelque terme; afin d'observer si les effets en sont toujours les mêmes, ou comment ces effets se modifient.

Comme les idiômes des Sauvages sont probablement très-pauvres, il est inévitable que chaque terme ait pour eux plus d'une acception. On s'attachera à recueillir ces acceptions diverses, afin de juger, d'après l'extension qu'ils donnent aux sens des mots, de l'association qu'ils établissent entre leurs idées, et de l'emploi qu'ils font des analogies.

Numération.

Une des parties de l'idiôme des Sauvages, qu'il faudroit sur-tout compléter autant que possible, est celle qui est relative à la numération. Ce ne sera pas assez d'avoir reconnu quelles sont les quantités les plus élevées, auxquelles ils ont donné des noms; il faudra aussi recueillir toute la suite des noms qu'ils ont donnés à la série naturelle des nombres, et les méthodes qu'ils suivent, quand ils veulent exprimer des quantités plus élevées que celles auxquelles ils ont donné des noms distincts, si toutefois ils ont en effet quelque méthode à cet égard.

Il conviendra de remarquer s'ils modifient les mots attachés aux idées des quantités, pour en former les noms ordinaux, comme *premier*, *second*, *dixième*, *centième*, et pour en former des termes concrets, comme *douzaine*, *vingtaine*, etc.

Peinture et Ecriture.

Il est peu de nations sauvages qui n'aient essayé de retracer dans des figures plus ou moins grossières l'image des objets dont elles vouloient conserver le souvenir. Il serait intéressant de remarquer quel est le caractère dominant de ces figures, pour connaître quelles sont aussi dans ces objets les circonstances par lesquelles leur attention a été plus vivement frappée. En visitant des peuples qui ont déjà obtenu un commencement de civilisation, on trouvera à cet égard un fonds plus abondant de recherches; on s'attachera à observer s'ils ont commencé à employer ces peintures comme un moyen de s'entendre; s'ils en ont composé quelque espèce de système hiéroglyphique; quel serait l'esprit de ces hiéroglyphes, et leurs principales loix; enfin s'ils ont quelque idée d'une écriture, c'est-à-dire, de certaines figures conventionnelles, pour représenter ou les idées, ou le langage; ou si du moins ils soupçonnent l'utilité que nous en retirons.

Emblêmes, allégories et signaux.

Il paraît au moins que toutes les nations ont eu recours à certains emblêmes, fondés quelquefois sur des conventions expresses, quelquefois sur des analogies plus ou moins prochaines, pour suppléer à de longs discours. Tels sont les signes de feux ou de guerre, de rupture ou d'alliance : elles y ont joint des allégories, comme diverses espèces de trophées, les cérémonies et les pratiques civiles ou religieuses, les danses sur-tout, ces danses quelquefois si mystérieuses pour les étrangers, et peut-être si propres à nous instruire de l'histoire des nations, ou de leurs caractères; enfin ces nations doivent avoir certains signaux pour s'avertir à de grandes distances, pendant leurs chasses, leurs voyages, ou leurs combats. Les voyageurs ne se borneront plus à la simple description de toutes ces conventions ; mais ils chercheront à obtenir, autant qu'il sera possible, l'intelligence du sens qu'on y attache, des effets qu'elles produisent, et de l'origine qu'elles ont eue.

2°. Etat des Sauvages, et d'abord de l'individu. Son existence physique.

Quoique cette longue et difficile étude des signes employés par les Sauvages, ne soit pas sans doute nécessaire dans son entier pour l'observation de leur état politique et moral, quoiqu'il ne faille pas attendre de l'avoir terminée, pour commencer l'observation des autres objets, les progrès que les voyageurs auront faits sous ce premier rapport, leur donneront les moyens les plus rapides et les plus sûrs pour s'instruire à l'égard du second.

On n'attend pas ici de nous que nous entrions dans un détail approfondi des procédés qu'il faut suivre, pour obtenir toutes les connaissances relatives à l'état des peuples sauvages. Le bon esprit des voyageurs, l'expérience qu'ils auront acquise, leur en diront plus, à cet égard, que nos vagues apperçus. Nous nous bornerons donc à leur présenter un tableau sommaire des points les plus importans, sur lesquels ils doivent diriger leur observation, à leur soumettre l'ordre qui nous paraît le plus convenable, et à leur rappeler que les résultats qu'ils nous transmettront, seront plus précieux et plus utiles, à proportion qu'ils seront plus complets.

Toutes ces observations peuvent être rangées sous deux titres principaux : l'état de l'individu et celui de la société.

Les premiers objets à remarquer à l'égard de l'individu sont les circonstances de son existence physique.

Climat.

Telle est d'abord la nature du climat qu'il habite. On ne se contentera pas d'observer les degrés du froid ou du chaud ; mais on cherchera à s'assurer des propriétés de l'air qu'il respire, à déterminer son élasticité, sa pureté, sa condensation, son humidité, etc.

Alimens.

Telle est ensuite la qualité et la quantité de ses alimens ordinaires et de ses boissons. Il serait à-propos d'analyser avec soin l'eau dont il s'abreuve, et de savoir quelle est sa répugnance à user de nos alimens.

Forces et actions physiques.

On nous donnera des résultats plus positifs sur les forces physiques de l'individu sauvage (1). On déterminera quels sont les fardeaux qu'il est capable de lever, de porter ou de traîner ; quels sont les mouvemens musculaires qu'il exécute avec le plus de succès ; quelle est la célérité de sa course ; quel est l'espace qu'il est capable de parcourir sans repos ; quelle est son habileté à la nage ; quels sont les exercices ordinaires auxquels il se livre ; on remarquera comment il grimpe sur les arbres, franchit les fossés, gravit les rochers, etc.

Repos.

On nous dira combien d'heures il accorde au repos ; si son sommeil est profond ; s'il est tranquille, ou s'il paraît occupé par des songes ; quel peut être le caractère de ces

(1) Lorsque nous disons : L'*individu sauvage*, le *sauvage*, le *peuple sauvage*, on comprend que nous n'avons pas l'idée de parler du sauvage en *général*, ni de rappeler tous les peuples sauvages à un même type commun, ce qui serait absurde. Ce n'est ici qu'une expression abrégée pour dire l'*individu sauvage*, ou le *peuple sauvage*, auprès duquel le voyageur se trouvera placé dans le moment de ses observations.

songes ; s'il a une heure fixe pour le sommeil ; s'il supporte la veille sans déplaisir et sans incommodité ; quelle est son attitude dans le sommeil ou le repos.

Besoins.

Quelle est dans le Sauvage l'intensité de la faim, de la soif, et de la fatigue ; quels sont les effets que déterminent ces besoins ; s'il a du penchant à l'oisiveté, ou s'il se plaît dans le mouvement.

Anthropophagie.

Des voyageurs philosophes étudieront avec soin l'affreux phénomène de l'anthropophagie, et peut-être nous fourniront-ils quelques moyens, sinon de justifier, au moins d'excuser les erreurs de l'espèce humaine. Ils constateront si les peuples anthropophages ne mangent jamais que leurs ennemis vaincus à la guerre ; s'ils joignent à cette action quelques autres circonstances cruelles, et s'ils y attachent quelques idées de vengeance ; s'ils paraissent beaucoup redouter le même sort ; s'ils l'accompagnent de quelques cérémonies régulières ; s'ils ont quelque répugnance à manger la chair de leurs amis, des étrangers ; s'ils croient par-là faire éprouver quelque souffrance ou quelque honte à l'ame de celui qu'ils ont massacré.

Vêtemens.

Les vêtemens des Sauvages sont ordinairement très-bien décrits par des voyageurs ; c'est-là presque toujours leur principale observation, souvent la seule ; mais il faudrait ne pas se borner à remarquer leur costume ; il faudrait savoir quelle répugnance ils auraient à en changer, ou à adopter les nôtres ; s'il y a quelques raisons qui les y attachent, quelque circonstance particulière qui les leur ait fait adopter ; car l'habitude et l'imitation ne faisant que confirmer ce qui existe, il faut bien qu'il y ait une première origine de ces usages. Ainsi le besoin de se garantir des insectes, ou des effets du froid et du chaud, peut contribuer beaucoup à la coutume que certains peuples sauvages ont de s'enduire le corps. Il faudrait observer enfin si les costumes varient entr'eux à raison de l'âge ou de la prééminence, et s'ils y trouvent un signe d'autorité ou de richesse, quelles idées ils ont de la parure, quelle importance ils y attachent.

Effets moraux des maladies.

Nous demanderons aux voyageurs de nous instruire des effets moraux qui peuvent accompagner les maladies des Sauvages; de nous dire s'ils ressemblent à ceux qui ont lieu parmi nous; en quoi ils en diffèrent; s'ils supportent la souffrance avec calme, courage et patience; où ils puisent les moyens de la supporter, si c'est dans l'apathie du caractère, dans une ignorance de l'avenir qui ne leur laisse pas craindre la durée de la douleur, ou enfin dans quelque idée réfléchie, comme une sorte de gloire et de vanité attachée à tolérer en paix ce qu'ils souffrent, comme parmi les Sauvages de l'Amérique. Nous leur demanderons à quel point leurs facultés morales sont altérées par ces dérangemens physiques; s'ils sont alors plus accessibles à la crainte, à la crédulité; s'ils appréhendent la mort, et quel peut être le principe de leur appréhension, ou de leur sécurité à cet égard.

Imbécillité et folie.

Est-il bien vrai qu'on ne rencontre jamais chez les Sauvages aucun exemple du phénomène de la manie, ou bien les exemples en sont-ils seulement très-rares? S'il en existe quelqu'un, il est important de recueillir toutes les circonstances des effets comme des causes, afin de les comparer à celles que nous remarquons à l'égard de l'homme civilisé. Du moins, il est à présumer qu'on doit rencontrer des exemples d'imbécillité, état qui dépend beaucoup moins que le précédent des passions de l'ame, et des impressions morales, et qui a presque toujours son principe dans un vice naturel des organes. Alors on aura soin de fixer le degré de cette imbécillité, les caractères extérieurs qui l'accompagnent. On recherchera l'occasion première qui aura paru la déterminer : on en distinguera les diverses espèces, s'il s'en offrait plusieurs. On observera en particulier si cette imbécillité se manifeste dans la décrépitude de la vieillesse, à quel âge elle se manifeste, quelle est sa généralité, à quel point elle se fait remarquer, etc.

Education physique.

L'éducation physique que les Sauvages donnent à leurs enfans est un des points à l'égard desquels les voyageurs nous ont laissés dans une plus profonde ignorance. Peut-être est-ce qu'en effet ces peuples ne prennent aucun soin du développement de leurs enfans, et les abandonnent entièrement à la nature. Mais alors on eût dû nous apprendre, du moins, quels sont les effets qui en résultent, si les enfans sont plus ou moins sujets aux maladies, s'ils entrent plus promptement en possession de leurs forces, si la mortalité est plus ou moins grande parmi eux, quels sont les instincts dominans qu'on remarque chez ces petits êtres, etc. Que si, comme il paraît probable, leurs parens en prennent cependant quelque soin pendant les premières années de leur vie, nous espérons qu'on nous transmettra à cet égard quelques détails ; qu'on nous dira quelles sont les précautions que la mère prend à l'égard du nouveau-né ; quelle est l'époque à laquelle elle cesse de l'alaiter ; quelle est la première nourriture qu'elle lui présente ; quelle est la situation dans laquelle elle le couche ; le moment où elle commence à l'abandonner à lui-même ; l'usage qu'elle fait des lotions ; si elle cherche à le défendre du froid et du chaud ; si elle lui donne des secours dans ses maladies ; enfin, quels sont les premiers exercices auxquels les enfans sont appliqués ; quelles sont leurs occupations dans la vie domestique, les travaux qu'on leur impose, le zèle qu'ils y portent, et le succès qu'ils y obtiennent.

Longévité.

La durée de la vie des Sauvages fournira la matière à plusieurs questions. Vivent-ils à-peu-près également, ou règne-t-il une différence sensible entre la durée de leurs vies, et jusqu'où s'étend cette différence ? quelle est à-peu-près parmi eux la durée de la vie moyenne ? jusqu'où atteignent les exemples de la plus grande longévité ? quelles sont parmi eux les causes de mort les plus fréquentes ?

L'individu considéré comme être moral et intellectuel.

Toutes ces observations qui portent sur les circonstances extérieures de la vie sont assez faciles à recueillir, si les voyageurs ont le loisir de séjourner quelque temps parmi les Sauvages, et s'ils peuvent s'approcher d'eux familièrement. Mais si, après avoir cherché à étudier l'homme physique, ils s'attachent à observer l'homme intellectuel et moral, c'est ici qu'ils rencontreront de nombreuses difficultés, qu'ils auront besoin de se tenir en garde contre les inductions trop précipitées, contre les remarques trop superficielles, contre les préjugés qui résultent de nos habitudes ; c'est ici qu'ils devront sur-tout porter dans leurs jugemens la plus sévère défiance, et dans leurs récits la plus grande clarté, et la plus rigoureuse précision.

Sensations.

Le premier objet sur lequel s'arrêteront leurs regards seront les sens de l'homme sauvage. Ils descendront dans le détail des sensations diverses, et ils s'attacheront sur-tout à la solution des quatre questions suivantes : 1°. Quels sont les sens qui sont en eux les plus exercés, les plus actifs, les plus subtils ? 2°. Quelles sont les circonstances qui peuvent avoir déterminé en eux le développement plus marqué d'un sens particulier ? 3°. Quel est le degré de développement de chacun de leurs sens comparé à celui qu'on rencontre ordinairement parmi nous ? 4°. Quelle est la classe et l'espèce de sensations à laquelle ils attachent le plus de plaisir ?

Le développement d'un sens en particulier doit s'estimer par la réunion de plusieurs choses. 1°. L'art avec lequel on distingue deux ou plusieurs sensations entre elles ; 2°. la ténuité des sensations qu'on est capable de remarquer ; 3°. le nombre des sensations qu'on peut embrasser simultanément ; 4°. la rapidité avec laquelle les opérations sont exécutées ; 5°. la faculté que l'on a de les prolonger plus ou moins long-temps sans en être fatigué ; 6°. enfin l'exactitude des jugemens qui les accompagnent quelquefois. C'est ce qui compose, par exemple, ce que nous appelons la justesse du coup-d'œil, et l'art d'apprécier les distances.

Les deux sens dont les observateurs étudieront l'état avec le plus de soin, seront celui du tact et celui de la vue, comme les plus importans de tous. Ils s'attacheront à remarquer si l'état naturel des organes ne contribue pas, en même temps que l'exercice, à la perfection qu'on remarque souvent dans les sens de l'homme sauvage ; ils s'informeront si la cécité et la surdité sont plus ou moins fréquentes que parmi nous ; et ils ne manqueront pas de recueillir les effets moraux attachés à ces deux états, c'est-à-dire le degré de tristesse, d'impuissance, d'oisiveté qui peut les accompagner, et les moyens que ceux qui sont privés d'un organe prennent pour suppléer à son usage.

Idées. Leur nature. Nos idées ne sont que nos sensations élaborées. Après avoir donc en quelque sorte enregistré les matériaux sur lesquels le Sauvage opère, l'observateur cherchera à connaître quelle est la transformation qu'il leur fait subir. Or, les sensations se transforment de deux manières, par les combinaisons et par les abstractions. En suivant cette double trace, on découvrira quelle est l'étendue précise de la sphère d'idées qui appartiennent à l'individu sauvage, et les limites qui la terminent; on nous apprendra jusqu'où ils ont porté l'art de généraliser; quelles excursions leur esprit a pu faire dans la région des notions morales; on pourra résoudre ces importantes questions :

Le Sauvage a-t-il l'idée d'un principe de sentiment et d'action placé en lui-même?

Comment le conçoit-il?

A-t-il l'idée de quelque chose de simple et d'invisible, par conséquent d'immatériel?

A-t-il formé les abstractions de l'être et du néant, du fini et de l'infini, de la durée et de l'éternité, du possible et du nécessaire?

A-t-il quelque idée du *beau*, et le conçoit-il autrement que comme ce qui lui *plaît* à lui-même?

A-t-il quelque idée du *bon*, et le conçoit-il autrement que comme ce qui lui est *utile?*

Lui arrive-t-il d'imaginer ce qu'il n'a point vu? A-t-il l'idée d'un autre pays que le sien, d'un autre univers que celui qu'il habite? &c. &c.

Leur génération. Sans doute les observateurs ne croiront pas avoir résolu ces grands problêmes, s'ils se sont bornés à questionner le Sauvage, et à en recevoir en réponse ou un signe ou un terme vague. Mais ils sentiront le besoin de soumettre son esprit à une plus difficile épreuve. Ils ne le supposeront parvenu à un certain degré d'abstraction, qu'autant qu'ils lui auront vu exécuter les comparaisons qu'il exige; ils ne le supposeront en possession d'une certaine combinaison, qu'autant qu'il sera capable d'en rendre compte. Lorsqu'ils découvriront dans le Sauvage quelque idée générale ou réfléchie, ils s'efforceront de découvrir les circonstances dans lesquelles il les aura obtenues; ils tâcheront d'arracher en quelque sorte au Sauvage le secret de son histoire intellectuelle, et de nous transmettre le journal de la génération de ses idées.

Leur liaison.

La grande loi de la liaison des idées est une des principales bases sur lesquelles repose le système intellectuel de l'homme. Ainsi, après avoir reconnu la nature des idées dont le Sauvage est pourvu, l'observateur étudiera comment elles s'associent entre elles. Ici, il aura trois choses à remarquer, 1°. quelle est la facilité avec laquelle ces liaisons se forment; 2°. quelle est la solidité qu'elles conservent, et la promptitude avec laquelle elles se réveillent; 3°. quelle est l'étendue dont elles jouissent. Comme les besoins sont autant de centres auxquels les liaisons d'idées se rapportent, c'est sur-tout en s'attachant aux besoins que l'observateur découvrira jusqu'où les liaisons d'idées peuvent s'étendre.

Opinions et jugemens.

Comment le Sauvage porte-t-il un jugement sur les objets qui ne sont pas, au moment où il juge, à la portée de ses sens? Est-ce uniquement par l'effet de l'habitude, c'est-à-dire, du penchant qui porte à croire que les choses doivent toujours se répéter de la même manière qu'elles ont eu lieu? Fait-il usage des inductions de l'analogie, et quelle étendue donne-t-il à cette espèce de jugemens? Remarque-t-on en lui quelque espèce d'instinct semblable à celui qu'on observe chez les animaux, c'est-à-dire une disposition à faire ce qui lui est utile, ou à éviter ce qui lui est nuisible, lors même que l'expérience n'a pu l'instruire des effets qui doivent en résulter? Quelle est l'influence que l'imitation exerce sur ses jugemens et ses actions?

Dieu. Quelle est l'impression que fait sur le Sauvage le spectacle des phénomènes ordinaires de la nature? Remonte-t-il de la connaissance des effets à la supposition de certaines causes, et comment imagine-t-il ces causes? Admet-il une cause première? Lui attribue-t-il l'intelligence, la puissance, la sagesse et la bonté? La croit-il immatérielle? Lui suppose-t-il un séjour fixe? Lui prête-t-il des agens physiques? La considère-t-il comme une providence, c'est-à-dire comme un être qui veille sur lui et sur la nature? La croit-il éternelle? Lui reconnaît-il un pouvoir sans bornes, ou quelles bornes lui fixe-t-il? La suppose-t-il capable de l'entendre, de pénétrer dans sa pensée, de se laisser fléchir par ses prières? Admet-il plusieurs de ces causes? Leur prête-t-il un pouvoir égal? Les suppose-t-il d'accord entre elles? Par quelles attributions les distingue-t-il? Place-t-il entre la cause première et lui des agens invisibles et secondaires? Quelles idées s'en forme-t-il? Accorde-t-il un principe d'action et de sentiment aux astres, aux plantes, aux élémens, &c.? Quelle idée se forme-t-il des animaux?

Esprits.

Quelle

Idées sur son existence.

Quelle impression fait sur le Sauvage le spectacle des phénomènes extraordinaires de la nature ? Comment se les explique-t-il ? Imagine-t-il pour lui-même quelque espèce d'existence antérieure à son apparition sur la terre ? A-t-il l'idée de quelque fin pour laquelle il se croit placé dans le monde ? Comment conçoit-il la mort ? Que suppose-t-il au-delà de la mort ? Pense-t-il changer d'existence et de séjour ? Croit-il à une existence immatérielle ? Fixe-t-il quelque terme à cette existence, et admet-il une époque où il rentre dans le néant ? Cette idée lui inspire-t-elle quelque répugnance ? Attache-t-il à la vie future quelque idée de punition ou de récompense ? Sur quoi fonde-t-il ces idées ? Se regarde-t-il comme libre, c'est-à-dire comme capable de choisir à son gré parmi les diverses actions qui se présentent à lui ? ou bien admet-il quelque notion de fatalité ?

Immortalité.

Facultés.

Imagination.

Les facultés sont à l'entendement ce que les forces sont au corps. Les unes comme les autres se développent par l'exercice, et s'estiment par leurs effets. Ainsi le degré de vivacité et d'énergie dont jouit l'*imagination* d'un individu, s'estimera par la promptitude avec laquelle il prend ses résolutions, par l'accès qu'il donne à la crainte ou à l'espérance, par l'art avec lequel il sait trouver de nouveaux moyens pour arriver à ses fins, enfin par le penchant qu'il a à décrire, à peindre ce qu'il conçoit ou ce qu'il éprouve. L'imagination est la première faculté qu'on devra étudier chez le Sauvage, parce que c'est celle qui fournit l'aliment à toutes les autres. L'imagination est toujours la première faculté qui se développe dans l'individu; ainsi le développement de cette faculté sera le signe le plus facile pour reconnaître le degré que cet individu occupe dans l'échelle du perfectionnement intellectuel. L'*attention* vient ensuite. On nous dira de quel degré d'attention le Sauvage est capable ; quels sont les motifs qui dirigent en lui cette faculté, les objets qu'elle lui fait plus particulièrement remarquer : c'est en suivant la chaîne de ses besoins qu'on pourra établir ces observations avec une exactitude convenable. La *mémoire* est entée sur l'attention ; car on ne se rappelle que ce qu'on a suffisamment remarqué. Ainsi l'étude qu'on fera de l'état de ces deux facultés chez le Sauvage, se trouvera étroitement liée. On nous dira s'il retient facilement ce qu'il a vu, entendu ou éprouvé ; s'il en conserve long-temps la trace ; à quelle époque remontent ses souvenirs ; dans quel ordre ils se conservent pour lui ; quels vides ils laissent entre eux ; à quels pivots se rattachent pour lui les chaînes qu'ils forment, &c. La *prévoyance* à son tour doit naître de la mémoire ; car prévoir, ce n'est qu'appliquer l'expérience du passé. On remarquera donc quel est l'usage que le Sauvage sait faire de l'expérience qu'il a acquise, jusqu'où son coup - d'œil s'étend dans l'avenir, comment il tire parti des circonstances où il se trouve, comment il sait se précautionner contre les événemens, comment il apprend à corriger ses propres erreurs lorsqu'il rencontre quelque mécompte dans sa conduite. Enfin de toutes les facultés celle qui se développe le plus facilement, celle qui semble appartenir plus en propre à l'homme civilisé, c'est la *réflexion*, c'est-à-dire cette faculté en vertu de laquelle nous nous replions sur nous-mêmes pour nous rendre compte de nos sentimens, de nos pensées, et pour penétrer dans les plus intimes se-

Attention. Mémoire. Prévoyance. Réflexion.

crets de notre manière d'être. Il serait intéressant de savoir si le Sauvage ne possède pas du moins quelque commencement d'une si noble puissance, ou s'il demeure toujours étranger à lui-même ; il faudrait observer si, lorsque son activité n'est pas attirée au-dehors par les objets qui l'entourent, et qui sont en rapport avec ses besoins, il retombe alors dans un entier assoupissement, et dans une sorte de végétation, ou s'il ne jouit pas en quelque manière de sa propre existence. Au reste, la preuve la plus sûre qu'on pourra obtenir à l'égard du degré de réflexion dont jouissent les Sauvages, sera dans le caractère de leur langue.

Avec la formation des idées complexes et abstraites, avec le jeu des facultés intellectuelles, il se développe dans l'homme un second ordre de besoins que nous appelons *réfléchis*, parce qu'ils ne se lient pas immédiatement à l'existence. L'observateur cherchera à définir avec précision quelle est la nature et l'étendue de ces besoins chez le Sauvage. Il nous apprendra quel est le degré de curiosité auquel il paraît sensible, quels sont les effets que produit sur lui la surprise, à quel point il est accessible à la crainte, ou tourmenté par l'incertitude ; il nous dira quel est l'attrait qu'il éprouve pour l'amusement ou le plaisir, s'il recherche les émotions fortes et les sensations variées ; il nous dira quel est l'empire qu'il exerce sur lui-même, l'intrépidité ou la faiblesse qu'il témoigne à l'aspect du danger, la confiance ou la présomption que lui inspirent ses succès, la fierté ou la honte que lui donne le retour qu'il fait sur lui-même, les regrets qu'il peut ressentir des actions qui ne lui ont pas réussi, la jouissance qu'il peut goûter dans le sentiment de ses propres forces, l'idée qu'il peut avoir de

Besoins réfléchis.

son infériorité et d'un développement plus heureux que celui qu'il a reçu, &c.

Variétés.

Il n'est pas nécessaire sans doute de prévenir les observateurs, qu'ils ne doivent pas se borner à établir ces recherches sur un seul individu, mais qu'il est nécessaire de les répéter sur un grand nombre, et de comparer les résultats qui en naîtront. Les voyageurs ne nous présentent ordinairement dans chaque pays qu'un type simple et commun, auquel ils supposent que se rapporte à-la-fois une peuplade entière. N'y a-t-il donc aucune variété entre les divers membres d'une société sauvage? Cette variété, quoique bien moins sensible, sans doute, que celle qui se présente dans les sociétés civilisées, n'est-elle pas cependant réelle et intéressante à connaître? En étudiant avec plus de soin ces êtres si éloignés de nous, ne remarquera-t-on pas dans les facultés, les habitudes, les idées, les opinions, les penchans, des différences produites par l'âge, le sexe, l'organisation, les circonstances? Là aussi, le jeune homme ne doit-il pas être plus impétueux et plus actif, la femme plus timide et plus réservée, le vieillard plus prudent? Là aussi, le tempérament ne peut-il pas inspirer des passions plus vives, ou des dispositions plus douces? L'état des organes ne peut-il pas à lui seul donner à un homme une supériorité marquée sur un autre homme? Le genre de vie est-il absolument le même, et chacun ne doit-il pas trouver dans son expérience particulière, ou l'occasion de quelque instruction, ou la source de quelque besoin qui lui est propre?

Le Sauvage dans la Société.

Après avoir observé l'individu tel qu'il est en lui-même, on le suivra dans les rapports qu'il forme avec ses semblables, et ici se présentera un nouvel ordre de recherches.

Nous avons eu, en Europe, plusieurs exemples d'individus trouvés au milieu des forêts, et qui paraissaient n'avoir eu presqu'aucune communication avec d'autres hommes. Mais de semblables exemples ne peuvent nous représenter l'état sauvage. C'est le dernier degré de l'humanité. Il est probable qu'il n'y a aucune espèce de Sauvages chez lesquels on ne trouve du moins quelque commencement de société. Cependant les voyageurs devront examiner s'il ne se rencontre pas au milieu d'eux quelques individus que le hasard ait condamnés à une vie entièrement solitaire; et, dans ce cas, ils observeront avec soin toutes les particularités dont ils offriront le sujet.

Vie solitaire.

Société domestique.

La première société à laquelle l'homme se trouve appelé par la voix de la nature, et par l'impulsion des besoins réciproques, est la société domestique, c'est-à-dire celle qui est composée de la famille.

Autorité des pères.

Les voyageurs observeront si cette première réunion offre l'image d'une société régulière, et s'il existe quelque subordination entre ses membres. Le père y exerce-t-il quelque autorité? Quelle est l'étendue, la durée, les effets de cette autorité? Sur quel principe paroît-elle fondée, et quelle idée s'en forment celui qui l'exerce et ceux qui lui obéissent? Quel respect les jeunes gens ont-ils pour les vieillards, et de quelle manière le témoignent-ils? Quel degré de reconnoissance les enfans conservent-ils pour les auteurs de leurs jours?

Parenté et fraternité.

Quelle est la force et le caractère de la liaison qui existe entre les frères? L'âge établit-il entre eux quelque préeminence ? Jusqu'où les rapports de parenté s'étendent-ils et conservent-ils quelque influence ? Quels sont les égards qu'ils entraînent ? Les membres d'une même famille se réunissent-ils pour le travail, la chasse, la nourriture ? Quelle loi, quel ordre règnent alors entre eux ? Chaque individu est-il libre de se retirer à volonté, ou quels liens le retiennent ?

Femmes. Leur état.

L'état domestique des femmes peut être envisagé sous plusieurs rapports. Le premier qui se présente est celui de leur dépendance, ou de la considération qu'on a pour elles. A cet égard, les Sauvages ont présenté quelquefois des spectacles assez opposés. En général, cependant il paraît que les égards pour le sexe sont un effet de la civilisation. Les observations des voyageurs nous apprendront jusqu'à quel point cette idée peut être fondée ; elles nous apprendront quel droit on accorde à la femme sur la propriété commune, quels travaux on lui impose, quelle protection on lui assure ; enfin elles nous apprendront si, dans les pays même les plus sauvages, le sexe ne conserve pas quelque chose de ce secret et doux empire, fondé à-la-fois sur sa faiblesse, sa sensibilité et ses charmes.

Pudeur.

Le second rapport sous lequel les femmes se présentent, est leur conduite à l'égard des loix de la pudeur. Ici, il faut bien observer deux choses : la connoissance des loix, et la fidélité à les observer. Y a-t-il, en effet, un tel degré d'abrutissement chez quelques hordes sauvages, que les femmes n'aient absolument aucun sentiment de pudeur, qu'elles ne se prescrivent aucune réserve, et qu'elles aillent sans rougir au-devant des hommes ? Ou bien possédant à cet égard quelques idées de devoir, ont-elles seulement une grande facilité à y manquer, par l'effet du tempérament, ou des occasions, ou de l'imitation, ou des instances ?

Ceci conduit à quelques questions sur l'amour et le mariage.

Amour.

L'histoire de l'amour chez les peuples sauvages présenteroit un tableau aussi curieux qu'intéressant. Son origine, son caractère, ses signes, ses effets, ses sacrifices, ses vengeances, combien tout cela ne doit-il pas différer de ce qui se passe au milieu de nous ? Mais ce parallèle est-il à leur avantage ou au nôtre? Le sentiment de l'amour chez les Sauvages est-il purement physique ? N'admet-il aucune idée de confiance, de privilége, de dévouement, d'association morale ? Cesse-t-il avec la jouissance, ou de quelle durée est-il susceptible? Se fixe-t-il sur un seul individu, ou se dirige-t-il indistinctement sur plusieurs, et alors ne porte-t-il avec lui aucune idée d'infidélité et d'inconstance ? Les faveurs des femmes sont-elles considérées uniquement comme la récompense de l'amour, et quel prix les hommes y attachent-ils ? Quels sont les égards réciproques qui accompagnent le sentiment? L'homme en fait-il ordinairement les avances ? éprouve-t-il souvent des rigueurs ?

Les idées de mariage, c'est-à-dire, d'une union légitime entre l'homme et la femme, ne s'établissent que dans une société qui a déjà reçu quelque développement. Mais le point où commence un semblable établissement est très-important à remarquer. Il ne l'est pas moins d'en fixer toutes les circonstances.

Mariage.

Le mariage est-il considéré seulement comme le résultat du libre consentement des deux époux ? La volonté des parens suffit-elle pour contraindre les enfans à s'unir ? ou bien faut-il la réunion de ces deux choses ? Le mariage est-il considéré comme un acte civil auquel la société soit intéressée, et alors quelle part y prend-elle ? Le mariage est-il considéré comme un acte religieux, et alors sous quel rapport les idées religieuses y concourent-elles ?

Son caractère. Ses effets.

Quels devoirs réciproques s'établissent entre les époux, et quelle en est la garantie ? La paternité ajoute-t-elle beaucoup à leurs liens ? Comment la vieillesse les modifie-t-elle ? Est-ce un usage général parmi les peuples sauvages, que celui de faire cesser toute communication avec le sexe, pendant l'époque de ses incommodités ordinaires ?

Divorce, polygamie.

Y a-t-il quelque exemple chez les Sauvages de l'indissolubilité du mariage, et sur quel principe alors paraît-elle fondée ? Parmi ceux qui divorcent, il faudrait savoir quel est le nombre et la fréquence des divorces, les motifs qui les déterminent, les formes qui les accompagnent, les effets qu'ils produisent. On observera quelle est la force et le caractère de la jalousie chez les maris et chez les femmes; si l'adultère est puni à l'égard des uns ou des autres, et quelle est sa punition. En remarquant si la polygamie est établie, on examinera jusqu'où elle s'étend, quelle en paraît être l'origine et la raison, quels en sont les effets, par rapport aux mœurs, à la population, à l'éducation des enfans, à la paix domestique, etc.

Education morale des enfans.

Il est certain qu'on ne peut s'attendre à trouver chez les Sauvages des détails fort intéressans sur l'éducation morale des enfans. Cependant il y a plusieurs circonstances dignes de quelques remarques. Quel est le degré d'attachement, et la nature de l'intérêt que les parens portent à leurs enfans? Jusqu'où s'étend à leur égard la surveillance et la sévérité? Est-ce le père ou la mère qui en prennent un soin plus particulier? Jusqu'à quel âge ce soin dure-t-il? Est-il égal pour tous les enfans, ou témoignent-ils quelque préférence? Comment les enfans apprennent-ils la langue? Comment sont-ils initiés aux notions de morale que leurs parens peuvent avoir? Enfin, avec quelle rapidité se développent en eux les passions et l'intelligence?

Société générale.

De la société domestique, passons à la société générale, celle qui est formée de l'agrégation des familles; elle se présente à nous sous quatre espèces différentes de rapports; les rapports politiques, civils, religieux et économiques. Commençons par les rapports politiques, ceux qui servent de base à tous les autres.

Rapports politiques.
1°. Intérieurs.

D'abord, quels sont les liens intérieurs de la société, et les fondemens sur lesquels repose l'union de ses membres? Y a-t-il quelque gradation dans la formation de cette société, c'est-à-dire, se subdivise-t-elle, comme parmi nous, en plusieurs agrégations partielles, plus étroitement unies entr'elles, telles que des bandes, ou des bourgades, ou des castes, et quels sont les rapports et les limites de ces associations particulières? Y a-t-il une distinction de rang? Sur quoi se fonde-t-elle? Est-elle attachée à la naissance? Par quelles prérogatives se manifeste-t-elle? De combien de degrés différens est-elle formée? Quel est le nombre des magistratures et celui des magistrats? Leurs fonctions sont-elles héréditaires ou électives, et quelles seraient les circonstances de cette élection? Quelle est la nature et l'étendue de leur autorité?

Magistrats.
Leur titre.
Leur autorité.

Quelle subordination règne entr'eux? Quel esprit les dirige dans son exercice? Par quelles limites sont-ils arrêtés? Sont-ils à vie ou pour un temps? Sont-ils soumis à la déposition, et comment s'exécute-t-elle? L'autorité suprême est-elle entre les mains d'un seul ou de plusieurs? Dans le premier cas est-elle absolue, arbitraire? Quelles circonstances l'accompagnent? Comment se transmet-elle? Sur quels objets se déploie-t-elle? Dans le second, comment les chefs sont-ils nommés? Comment s'accordent-ils entr'eux? Leurs opérations sont-elles collectives; ou bien chacun a-t-il une administration séparée?

Quelles idées ces peuples ont-ils de l'autorité et de ses droits? Quels égards ont-ils pour leurs chefs? Quelle affection, quelle confiance, quelle soumission leur témoignent-ils? Quels hommages leur rendent-ils? De quelle pompe les entourent-ils?

Ses effets. Quels effets résultent de ces institutions? Jusqu'où s'étend l'union des membres de la société? Quelle est sa solidité? Quelles sont les occasions, les circonstances, les effets des discordes civiles? Les révolutions sont-elles fréquentes, sanglantes? Les loix ont-elles besoin d'une sanction générale? Y a-t-il même des loix, ou si la volonté de ceux qui gouvernent en tient lieu? Comment les loix se conservent-elles?

2°. Extérieurs. De quel œil une peuplade considère-t-elle celles qui l'entourent et qui vivent sous une autre autorité? Sont-elles naturellement en guerre, ou si elles vivent ordinairement en paix?

Guerre. Si elles sont naturellement en guerre, d'où vient cette disposition mutuelle? Est-ce antipathie? Est-ce un effet de la vengeance et des souvenirs? Est-ce la rivalité? Est ce le desir des conquêtes?

Causes.

Si les guerres sont accidentelles, quelles en sont les occasions les plus ordinaires?

Circonstances.

Qui a le droit de déclarer la guerre? Cette déclaration est-elle précédée de quelque négociation, ou du moins de quelque formalité? Quelles sont ces formalités, ou quel est le caractère de ces négociations?

Les guerres sont-elles universelles, c'est-à-dire, tout le peuple y prend-il part? Sont-elles sanglantes, longues? Suspendent-elles entre les peuples toute autre espèce de rapports, et le sentiment des droits naturels?

Art militaire.

Ces peuples ont-ils quelqu'espèce d'art militaire? Quelle subordination règne entr'eux pendant la guerre et le combat? Marchent-ils dans quelque ordre? Observent-ils quelque concert pendant l'action? cherchent-ils à se surprendre, ou s'attaquent-ils ouvertement? Les combats sont-ils longs, et la victoire long-temps disputée? Quelles causes décident ordinairement de la victoire? Quelles précautions prennent-ils? Quelles sont les ressources qu'ils déploient dans la surprise ou après la défaite?

Armes.

On ne peut se plaindre que les voyageurs ordinaires nous laissent ignorer ni la nature des armes que les Sauvages employent, ni l'usage qu'ils en font; mais quelle est la nature et le degré de courage que ces peuples déploient?

Courage.

Est-ce celui de l'impétuosité, ou celui de la constance? Sont-ils furieux ou intrépides? Quelle idée se forment-ils du courage lui-même? Quel est le sentiment qu'ils ont de l'honneur, de la gloire et de l'indépendance?

Effets de la guerre.

Jusqu'où s'étendent les effets de la guerre? Les femmes,

les enfans, les habitations, sont-ils la proie du vainqueur, et quel sort éprouvent-ils de leur part ? Les vainqueurs font-ils des prisonniers ? quels traitemens leur font-ils éprouver ? quel est l'état et la condition des esclaves ? quels sentimens conservent-ils ? N'y a-t-il d'autre esclavage que celui de la conquête ?

Paix. Comment la guerre se termine-t-elle ? est-ce par la destruction entière, ou par l'expulsion des vaincus ? est-ce par quelque pacification ? Comment la paix est-elle proposée, adoptée, garantie, et quelles en sont les conditions ordinaires ?

Alliance. S'établit-il quelques alliances entre les peuplades voisines ? quelles en sont les occasions et les fins ? Par quelles formalités sont-elles préparées ? De quelles conditions sont-elles plus ordinairement formées ? Quelle durée leur fixe-t-on ? Sur quels fondemens repose leur solidité ? Quelles idées les peuples ont-ils du devoir qui les lie à leurs engagemens, et quelle est leur bonne foi réciproque ? Quels talens développent-ils dans ces négociations, et quels sont les moyens qu'ils font valoir pour leurs succès ?

Etrangers. Hospitalité. Quel accueil un peuple sauvage fait-il aux étrangers qui lui sont entièrement inconnus, comme les Européens ? Quelle est la cause de cet accueil ? C'est ici qu'il faut apporter bien des précautions, avant de porter un jugement. Il faut tâcher de s'assurer d'abord si l'accueil qu'on reçoit d'un peuple sauvage n'est pas l'effet des souvenirs que d'autres étrangers lui ont laissés ; et alors il faudrait savoir encore quelle est la véritable conduite que ces étrangers ont tenue à son égard. Lors même qu'aucun souvenir ne pourrait influer sur la réception que l'on reçoit, il reste plusieurs manières d'expliquer une même réception ? La crainte et la férocité peuvent également mettre les armes à la main du peuple que l'on visite ; la bonté, la confiance, la timidité ou la perfidie, peuvent également l'engager à faire aux étrangers un accueil favorable. Enfin la férocité, la défiance, ou la douce vertu de l'hospitalité, sont elles-mêmes des phénomènes moraux, dont il faut, autant qu'il est possible, chercher à pénétrer les causes.

Rapports civils.

Les institutions civiles ont pour objet de garantir aux membres de la société leurs propriétés et leur vie, la plus précieuse de toutes.

Propriété.

Tel peuple sauvage a-t-il l'idée de la propriété ? S'il est pasteur ou chasseur, il n'a pas sans doute celle de la propriété territoriale ; mais alors, n'a-t-il pas du moins celle de la propriété de ses instrumens, et des objets qu'il a obtenus par ses efforts ?

Délits.

Les punitions des injures chez un peuple sauvage, sont-elles abandonnées à la vengeance de l'individu qui les a reçues ? S'il en est ainsi, quels sont les cas dans lesquels il s'attribue cette vengeance ? Quelle vengeance exerce-t-il ? Le coupable en reconnaît-il le droit ? Ou leur querelle ne paraît-elle que la lutte de la force contre la force ? Si la punition des injures est réservée à quelque autorité, quelle est cette autorité ? De quels délits connaît-elle ? Comment les constate-t-elle ? Quelle est la peine à laquelle elle les soumet, et quel est le principe d'après lequel elle paraît fixer ses arrêts ?

Rapports économiques.
Territoire.

Le premier objet à remarquer, en considérant l'association sous ses rapports économiques, est la fécondité du territoire qu'un peuple habite, et l'abondance plus ou moins grande des ressources que son séjour lui présente.

Première industrie.

Ensuite il faut observer comment il use de ce territoire et tire parti de ces ressources, s'il a commencé quelque culture, s'il en a quelque idée ; s'il ceuille du moins le fruit des arbres, s'il a apprivoisé quelques animaux, s'il se nourrit de leur chair ou de leur laitage, ou s'il ne cherche ses alimens que dans la chasse ou la pêche.

Il est assez difficile de s'expliquer comment un peuple chasseur est séparé, par une limite si prononcée, si durable, du peuple cultivateur? Comment se fait-il que l'idée ne vienne point à ce peuple d'essayer les alimens que présentent les fruits de la terre, et ensuite de chercher à les reproduire? Quel obstacle caché le retient dans la sphère de cette existence si laborieuse et si pénible, qui fait dépendre la satisfaction des premiers besoins, d'une course longue et périlleuse? Tel est le problême que nous proposons à la sagacité des voyageurs. Du moins est-il à propos d'essayer si on ne pourrait pas les engager à adopter un genre de vie plus heureux et plus commode, en leur en donnant quelques exemples, si on ne réussirait pas à leur enseigner l'art de la culture, à leur en faire sentir les bienfaits. Si on ne pouvait y parvenir, il faudrait alors chercher à pénétrer le motif d'une si singulière répugnance.

Essais.

Cook et d'autres voyageurs ont cherché à transplanter nos animaux domestiques au milieu de diverses nations sauvages. Il est important de s'informer de ce qu'ils en ont fait ; et dans les lieux où ces races ont été ou détruites ou dispersées, il faudrait savoir pour quelle raison on les a ainsi abandonnées. Nous insistons sur ces considérations, parce que si l'on trouvait quelques moyens de faire passer les peuples sauvages à l'état de *pasteurs* ou d'*agriculteurs*, on ouvrirait sans doute devant eux la route la plus sûre qui puisse les conduire aux avantages de la civilisation.

Vagabondage et séjour.

Au genre de vie que mène un peuple, se lie nécessairement le mode de son habitation. Il faudra donc nous apprendre si ses demeures sont fixes, ou si elles sont errantes; s'il change souvent de séjour; quels motifs le dirigent dans ses voyages.

Industrie du second ordre.

La seconde espèce d'industrie dont il faudra étudier le développement, est celle qui a pour objet les besoins de second ordre ou de commodité, comme la construction des huttes et la fabrication des vêtemens. On s'attachera à décrire les méthodes que les Sauvages suivent et les procédés qu'ils emploient; mais on cherchera aussi à connaître s'ils se perfectionnent dans ces travaux, ou pourquoi ils ne s'y perfectionnent pas: l'on fera quelques efforts pour les engager à mieux s'y prendre, et on leur en indiquera les moyens.

Industrie auxiliaire.

La troisième espèce d'industrie est celle qui consiste à préparer les instrumens du travail. Ici, les deux choses les plus importantes pour le Sauvage, sont les métaux et le feu. S'ils connaissent les métaux, il faudra examiner comment ils les accommodent à leur usage. S'ils ne les connaissent pas, il faudra observer comment ils y suppléent; il faudra essayer s'ils ne voudraient pas apprendre à s'en servir. Quant au feu, son ignorance atteste sans doute le degré le plus éloigné de la civilisation, et on n'a pas besoin de recommander aux voyageurs de leur procurer ce bienfait. Mais les peuplades même qui font usage de feu, n'en connaissent pas tous les effets; et c'est ce qu'il serait assez curieux d'examiner.

La construction des nacelles et pirogues dont se servent les Sauvages, de leurs instrumens de chasse et de pêche, la description des ruses et des procédés qu'ils emploient, de leur manière de naviguer, &c. sont des objets en général assez bien décrits par les voyageurs, parce qu'ils intéressent davantage la curiosité du vulgaire. Cependant on ne négligera point de compléter, s'il se peut, ces descriptions et ces peintures, et sur-tout de rapporter en Europe quelques modèles des divers instrumens des Sauvages. Il serait assez curieux de savoir si et comment un Peuple sauvage marque les révolutions des années, des mois, des jours et des heures.

Commerce.

Un Peuple sauvage ne porte-t-il jamais dans ses rapports avec ses voisins quelque idée de commerce? Quelle est la facilité avec laquelle il se prête à opérer quelques échanges avec les étrangers qu'il visite? Sur quel principe fonde-t-il ces échanges? Quel est le prix et la valeur que les objets ont pour lui? Est-il déterminé uniquement par ses besoins? Attache-t-il quelque valeur à son superflu? Cherche-t-il à tirer quelques avantages de la demande qu'on lui en fait? Se dépouille-t-il facilement des objets dont il fait quelque usage? Porte-t-il quelque bonne-foi dans ces transactions; ou, s'il est de mauvaise foi, a-t-il quelque sentiment de son tort? La plupart des voyageurs n'ont vu dans le commerce avec les Peuples sauvages qu'un objet de spéculation, ou qu'un moyen de s'établir au milieu d'eux pour les dominer. Un voyageur philosophe porterait ses vues bien plus loin. Il verrait dans ce commerce un moyen de les conduire à la civilisation. En effet, ce n'est guère qu'avec notre secours qu'ils peuvent se civiliser;

et le besoin seul peut les rapprocher de nous. Ainsi un premier échange facilitera de premières communications; ces communications serviront peut-être à inspirer au Sauvage quelques nouveaux desirs, qui le rappelleront encore auprès de nous. Toujours bien reçu, bien traité, témoin de notre bonheur, de notre richesse, en même temps que de notre supériorité, peut-être s'attachera-t-il à nous par la reconnaissance ou l'intérêt, formera-t-il avec nous quelque alliance, nous appellera-t-il au milieu de lui pour lui enseigner la route qui doit le conduire à l'état où nous sommes. Quelle joie! quelle conquête, s'il s'ouvrait pour nous quelque espérance d'exercer une douce et utile influence sur ces Peuples abandonnés, et de renouveler dans les mers du sud l'étonnante révolution du Paraguay!

Arts d'amusement.

Il est assez singulier de voir quelquefois des Peuples qui ont à peine le nécessaire, s'occuper de leurs plaisirs, et y attacher une grande importance. Cette observation excitera sans doute la curiosité des voyageurs. Ils étudieront aussi les plaisirs des Sauvages, puisque c'est une partie de leur existence. Ils examineront leurs chants et leurs instrumens de musique; ils chercheront à connaître s'ils ont quelque idée de poésie; ils essaieront si leurs oreilles sont sensibles à une parfaite harmonie; ils nous transmettront le détail de leur luxe, quelquefois si bizarre, et s'étudieront à pénétrer les idées qu'ils y attachent.

Population.

Le dernier, et le plus important peut-être des objets que les rapports économiques présenteront à l'observateur, sera la population. Il faudra reconnaître d'abord quelle est la proportion du nombre des individus qui habitent un territoire, à l'étendue de ce même territoire. Il faudra s'informer ensuite si cette population croît ou décroît avec le temps, et à-peu-près selon quel rapport. Il faudra découvrir enfin quelles sont les véritables causes de ces accroissemens ou de cette décadence.

Rapports moraux et religieux.

Nous avons déjà parlé plus haut des notions qu'un Peuple peut avoir de la religion et de la morale; il ne s'agit plus ici que des effets extérieurs qu'elles produisent à l'égard de la société.

Vertus généreuses.

On observera si le Sauvage connaît la pitié pour la faiblesse et le malheur, et s'il pratique cette bienfaisance qui vient à son secours; jusqu'où s'étendent en lui ces sentimens; s'il sait y joindre cette générosité qui relève le bienfait par le sacrifice. Répond-il aussi au bienfait par la reconnaissance? Quelle est la durée, quels sont les signes extérieurs de cette reconnaissance? Jusqu'à quel point se croit-il obligé envers son bienfaiteur, et quelle est l'horreur qu'il témoigne pour l'ingratitude?

Vertus fortes.

On observera s'il est capable de supporter quelques offenses, et jusqu'où il porte la patience; quel est le caractère de sa vengeance; si rien ne peut la fléchir; si elle va au-delà de l'offense même; s'il y attache quelque idée de justice comme à une espèce de talion; s'il s'élève quelquefois jusqu'à sentir le mérite du pardon, et s'il sait obtenir quelque empire sur les passions de son cœur.

Affections. Amitié.

Il observera à quel point le cœur du Sauvage peut être sensible aux affections qui unissent les hommes entre eux, s'il se livre à ce noble sentiment de l'amitié dont des nations semblables nous ont souvent présenté de touchans exemples. Alors il étudiera le caractère d'une telle amitié, son origine, ses effets, ses signes, sa durée. Heureux s'il rapporte aux philosophes quelques nouvelles preuves de l'existence de ce sublime instinct qui porte l'homme vers son semblable, et de son intime inhérence à notre nature!

Amour de la patrie.

Le sentiment de l'amitié doit être considéré peut-être comme l'origine de toutes les affections sociales; car la bienveillance s'arrête sur ce qui nous entoure avant de s'étendre au-delà; elle se fixe sur l'individu, avant d'embrasser la société. Qu'est-ce dans le cœur du Sauvage que l'amour de la patrie? Est-ce un sentiment d'affection pour tous ceux qui vivent avec lui dans une société commune? Est-ce l'attachement au sol qu'il occupe, à la vie qu'il mène, aux habitudes par lesquelles il est dominé? Est-ce un retour sur son propre intérêt? Quelle est la force de ce patriotisme, et par quels signes se manifeste-t-il au-dehors? saurait-il se dévouer pour l'avantage de sa propre société? quel est le besoin qu'il a de la liberté, la honte qu'il attache à l'esclavage, et la haine qu'il porte au pouvoir arbitraire et despotique? Connaît-il aussi l'ambition du pouvoir, et sous quelle forme se présente-t-elle à ses yeux?

Cérémonies religieuses.

Le Sauvage regarde-t-il le culte extérieur et les cérémonies comme nécessairement liés à l'idée qu'il a d'un Etre suprême et de ses devoirs envers lui? Est-ce dans le dessein de l'honorer, de le fléchir, de lui rendre graces, qu'il décerne un culte à l'Etre suprême, ou croit-il contribuer par-là aux jouissances de cet Etre, en l'assimilant en quelque sorte à lui-même?

Prêtres.

Quel est le nombre de ses prêtres? De quelle manière sont-ils choisis? Quelle considération, quels priviléges, quelle autorité leur accorde-t-il? Leur suppose-t-il quelque pouvoir sur la nature, quelque faculté pour pénétrer l'avenir, ou découvrir l'inconnu? Ces prêtres ont-ils quelque degré d'instruction particulière ? Paraissent-ils de bonne foi ? Ont-ils en général plus de moralité que le reste du peuple ? Comment vivent-ils entr'eux ? Pratiquent-ils la médecine, et d'après quelles idées ? L'influence qu'ils exercent paraît-elle salutaire ? Se montrent-ils disposés à seconder quelques vues d'amélioration et de perfectionnement ; ou bien se montrent-ils intéressés à maintenir leur nation dans l'ignorance et la barbarie ?

Temples. Idoles.

Ce ne sera pas assez d'avoir décrit, comme on le fait ordinairement, la forme des temples, et la figure des idoles qui servent d'objet à la vénération d'un peuple ; il faudra nous faire connaître quelles sont les idées que ce peuple attache à ces idoles, à ces temples, si toutefois il en attache quelqu'une. Il faudra s'assurer si c'est là le dernier objet de son culte, ou s'il ne considère ces objets que comme des signes.

Il en sera de même des diverses cérémonies, qui, toutes bizarres qu'elles paraissent, ou plutôt par-là même qu'elles sont très-bizarres, doivent avoir eu quelque raison particulière.

Actes religieux.

Un peuple sauvage a-t-il des jours de fête qui soient fixés? Quelle est l'occasion et l'esprit de ces fêtes? La naissance des enfans, le mariage, la mort, la sépulture, l'élection des magistrats, la guerre, la paix, les calamités générales sont-elles pour lui le sujet de quelques actes religieux ? Quels sont ces actes ? Y a-t-il des exemples d'actes religieux, qui soient répétés chaque jour ? Prononcent-ils des prières en commun, et quelles sont ces prières ? Ont-ils quelque formule de malédiction pour leurs ennemis ?

Quel est le culte qu'un peuple a pour les morts, et le respect qu'il porte aux tombeaux ? Tombeaux.

Le dernier objet de la curiosité des voyageurs, et le plus difficile sans doute à obtenir, sera de pénétrer les traditions des peuples sauvages. Ils les interrogeront sur leur origine, sur les transmigrations qu'ils ont éprouvés, sur les invasions auxquelles ils ont été exposés, sur les visites qu'ils ont reçues, sur les événemens importans qui se sont passés au milieu d'eux, sur les progrès qu'ils ont pu faire sous les rapports de l'industrie ou de la force politique, sur l'institution des coutumes en usage parmi eux. Peut-être n'en tireront-ils que des récits bien vagues ; mais un petit nombre de faits peuvent jeter une précieuse lumière sur la mystérieuse histoire de ces nations. Traditions.

Nous ne terminerons point sans recommander aux voyageurs de nous ramener, s'ils peuvent, des Sauvages des deux sexes, partie dans l'âge de l'adolescence, partie dans l'enfance, et de les préparer, par les meilleurs traitemens, à l'adoption qui leur sera destinée.

Il seroit à désirer sur-tout qu'ils pussent engager une famille entière à les suivre. Alors les individus qui les composent, moins contraints dans leurs habitudes, moins attristés par les privations, conserveroient davantage leur caractère naturel. Ils consentiroient plus facilement à se fixer au milieu de nous ; et les rapports qui existeroient entr'eux, rendroient pour nous le spectacle de leur vie à-la-fois plus curieux et plus utile. Nous possèderions en petit l'image de cette société, à laquelle ils auroient été enlevés. Ainsi le naturaliste ne se contente pas de rapporter une branche, une fleur bientôt desséchée ; il cherche à transplanter la plante, l'arbre tout entier, pour lui rendre sur notre sol une seconde vie.

Conclusion.

Nous n'ignorons pas que l'ensemble des problêmes que nous soumettons ici à la sagacité des voyageurs, demande un travail immense, soit par le nombre et l'importance même des questions, soit par le détail et l'assiduité des observations qu'exige chacune d'entr'elles. Nous n'ignorons pas que ce travail est entouré de difficultés de toute espèce, et qu'on doit s'attendre à éprouver de grands obstacles dans les premiers rapports qu'on voudra établir avec les Sauvages. Car ces peuples ne peuvent pénétrer les intentions véritables de ceux qui les approchent, ils ne peuvent distinguer facilement leurs amis de leurs ennemis, et ceux qui leur apportent des secours, de ceux qui viennent envahir leur territoire. Mais il n'est rien que nous n'ayons droit d'espérer de la patience, de la persévérance, du courage héroïque des voyageurs qui reçoivent aujourd'hui nos adieux; nous en avons la garantie dans leur caractère personnel, dans les vues qui les animent, dans les preuves éclatantes qu'ils en ont déjà données. Eh! que n'ont-ils pas fait déjà pour les sciences, et quelle noble carrière n'ont-ils pas déjà courue! Il était digne d'eux d'en reculer encore le terme, et d'aller achever un si bel ouvrage! Hommes estimables, en vous saluant ici à la veille d'un prochain départ, en vous voyant vous arracher à votre patrie, à votre famille, à vos amis, et vous élancer hors des limites du monde civilisé; en fixant l'image des fatigues, des privations, des dangers qui vous attendent, et de ce long exil auquel vous vous êtes volontairement condamnés, nos ames ne peuvent se défendre d'une émotion profonde, et le mouvement de la sensibilité s'unit en nous au respect que nous devons à de si nobles travaux. Mais notre pensée fixe d'avance le terme auquel ils doivent atteindre; et, en s'arrêtant à cette perspective, tous nos sentimens se confondent en celui de l'admiration et de l'enthousiasme. Illustres messagers de la philosophie, pacifiques héros, les conquêtes que vous allez ajouter au domaine des sciences, ont plus d'éclat et de prix à nos yeux que les victoires achetées par le sang des hommes! Tous les cœurs généreux, tous les amis de l'humanité s'associent à votre sublime mission; il y a dans cette enceinte plus d'un cœur qui vous porte envie, qui gémit en secret que des devoirs inflexibles le retiennent sur ces rivages, qui mettrait sa gloire à vous suivre, à vous imiter. Nos vœux vous accompagneront du moins au travers de l'Océan, ou dans le sein des déserts; notré pensée vous visitera souvent, lorsque sous l'équateur ou près du pôle, vous recueillerez en silence de précieux trésors pour les lumières. Nous nous dirons : « A ce jour, à cette heure, » ils abordent peut-être sur une terre inconnue, ils pé- » nètrent peut-être au sein d'un peuple nouveau, peut-être » ils se reposent à l'ombre d'antiques forêts de leurs » longues souffrances; peut-être ils commencent à entrer » en rapport avec une nation barbare, à effacer ses fa- » rouches préventions, à lui inspirer la curiosité de con- » naître nos mœurs et le desir de les imiter, et peut-être » ils jettent le fondement d'une nouvelle Europe ». Eh! qui dira en effet tous les résultats possibles ou probables qui peuvent naître un jour de ces belles entreprises? Je ne parle pas seulement ici de nos cabinets enrichis, de nos cartes rectifiées ou étendues, de nos connaissances sur l'Histoire physique et morale du monde multipliées et agrandies, du nom Français porté sur des rives inconnues ! Que d'autres perspectives séduisantes s'offrent encore à l'imagination étonnée ! Le commerce étendu par de nouvelles relations ; la marine perfectionnée par une plus grande expérience ; les voyages facilités par les découvertes ; notre grandeur politique accrue par de nouvelles colonies ou de nouvelles alliances ! Que savons-nous ? peut-être des nations entières civilisées, recevant de la civilisation le pouvoir de se multiplier, en s'associant à nous par les liens d'une vaste confédération ; peut-être de plus vastes et plus utiles carrières ouvertes à l'ambition, au génie et à l'industrie humaine ; ces peuples de l'Europe qui se disputent chaque jour au prix de leur sang quelque étroit territoire, s'étendant à loisir dans de plus belles contrées ; un monde nouveau se formant peut-être aux extrémités de la terre ; le globe entier couvert d'habitans plus heureux et plus sages, plus également partagés, plus étroitement unis, la société s'élevant à de plus rapides progrès par une plus grande émulation, et atteignant peut-être par ces révolutions inattendues, ce perfectionnement qu'invoquent nos vœux, mais auquel contribuent si peu et nos lumières, et nos méthodes, et nos livres !... Vaines chimères peut-être ; mais chimères auxquelles nos longs malheurs, nos tristes dissensions, et le spectacle de notre corruption, donnent cependant tant de charmes !... Du moins est-il certain que ces hardies entreprises, formées vers les parties les plus reculées de l'univers, préparent pour la postérité un nouvel avenir, et qu'il ne tiendra qu'à la sagesse

de

de nos descendans de cueillir des fruits abondans dans cette carrière que vous allez ouvrir. Voyez combien les découvertes de Colomb changèrent la face de la société, et quelles étonnantes destinées porta ce fragile navire auquel il s'était confié! Il est vrai, cette grande révolution n'a pas toute été à notre avantage, encore moins à celui des peuples auxquels il nous a ouvert un accès. Mais Colomb ne jeta dans le Nouveau Monde que d'avides conquérans; et vous ne vous avancez vers les peuples du Sud qu'en pacificateurs et en amis. Les farouches aventuriers de l'Espagne ne portèrent devant eux que la destruction, et vous ne répandrez que des bienfaits. Ils ne servaient que les passions de quelques hommes, et vous n'aspirez qu'au bonheur de tous, qu'à la gloire d'être utiles! Elle vous attend, elle vous environne déjà cette gloire, la plus douce, la plus vraie, ou plutôt la seule vraie; vous en connaîtrez tout l'éclat, à ce jour de triomphe et de joie, auquel, rendus à votre patrie, reçus au milieu de nos transports, vous arriverez dans nos murs, chargés des plus précieuses dépouilles, et porteurs d'heureuses nouvelles de nos frères dispersés aux derniers confins de l'Univers.

Extrait des procès-verbaux des séances de la Société des OBSERVATEURS DE L'HOMME.

Sur la proposition d'un membre, la Société arrête que le Mémoire du citoyen DEGERANDO, intitulé : *Considérations sur les méthodes à suivre dans l'observation des Peuples Sauvages*, sera imprimé.

Certifié conforme,

A Paris, le 28 fructidor an 8.

Signé, L. F. JAUFFRET, *Secrétaire perpétuel de la Société.*